27

DAS ANDERE

O DEUS DA CARNIFICINA

DAS ANDERE

O deus da carnificina
Le dieu du carnage
Yasmina Reza
© Editions Albin Michel e Yasmina Reza, 2007
© Editora Âyiné, 2021

Tradução: Mariana Delfini
Preparação: Pedro Sette-Câmara
Revisão: Paulo Sergio Fernandes, Luisa Tieppo
Projeto gráfico: Luísa Rabello
Imagem de capa: Julia Geiser
ISBN: 978-65-86683-73-8

Âyiné

Direção editorial: Pedro Fonseca
Coordenação editorial: Luísa Rabello
Coordenação de comunicação: Clara Dias
Assistente de comunicação: Ana Carolina Romero
Assistente de design: Rita Davis
Conselho editorial: Simone Cristoforetti,
Zuane Fabbris, Lucas Mendes

Praça Carlos Chagas, 49 – 2º andar 30170-140 Belo Horizonte, MG
+55 31 3291-4164 | www.ayine.com.br | info@ayine.com.br

Cet ouvrage, publié dans le cadre du Programme d'Aide à la Publication année 2021 Carlos Drummond de Andrade de l'Ambassade de France au Brésil, bénéficie du soutien du Ministère de l'Europe et des Affaires étrangères.

Este livro, publicado no âmbito do Programa de Apoio à Publicação ano 2021 Carlos Drummond de Andrade da Embaixada da França no Brasil, contou com o apoio do Ministério francês da Europa e das Relações Exteriores.

**AMBASSADE
DE FRANCE
AU BRÉSIL**
*Liberté
Égalité
Fraternité*

Yasmina Reza

O DEUS DA
CARNIFICINA

TRADUÇÃO
Mariana Delfini

Âyiné

VÉRONIQUE HOULLIÉ

MICHEL HOULLIÉ

.

ANNETTE REILLE

ALAIN REILLE

(Entre quarenta e cinquenta anos)

Uma sala.
Sem realismo.
Sem elementos inúteis.

Os Houllié e os Reille, sentados frente a frente.
Deve-se sentir de imediato que a casa é dos Houllié e que os dois casais acabaram de se conhecer.

Uma mesa de centro coberta de livros de arte.
Dois grandes buquês de tulipas nos vasos.

Clima de gravidade, cordialidade e tolerância.

VÉRONIQUE
Então, a nossa declaração... Vocês farão a de vocês... «No dia 3 de novembro, às 17 horas e 30 minutos, na praça de l'Aspirant-Dunand, após uma discussão, Ferdinand Reille, 11 anos, armado com um bastão, bateu no rosto de nosso filho, Bruno Houllié. As consequências desse ato são, além do inchaço do lábio superior, uma fratura de dois dentes incisivos, com lesão do nervo do dente incisivo direito.»

ALAIN
Armado?

VÉRONIQUE
Armado? Vocês não gostam de «armado», o que colocamos, Michel, munido, equipado, munido de um bastão, pode ser?

ALAIN
Munido, sim.

MICHEL
Munido de um bastão.

VÉRONIQUE
(*corrigindo*) Munido. O irônico é que a gente sempre considerou a praça de l'Aspirant-Dunand um lugar seguro, ao contrário do parque Montsouris.

MICHEL
É verdade. A gente sempre dizia: o parque Montsouris, não, a praça de l'Aspirant-Dunand, sim.

VÉRONIQUE
Veja só. De toda forma, nós agradecemos por terem vindo. Não vamos chegar a lugar nenhum se ficarmos presos numa lógica passional.

ANNETTE
Nós é que agradecemos, nós é que agradecemos.

VÉRONIQUE
Acho que não há nada a agradecer. Que bom que ainda existe uma arte de viver em comunidade, não é mesmo?

ALAIN
Arte essa que as crianças não parecem ter incorporado. Bem, me refiro à nossa.

ANNETTE
Sim, à nossa!... E o que vai acontecer com o dente que teve o nervo afetado?...

VÉRONIQUE
Bom, não sabemos. Estamos sendo cautelosos com o prognóstico. Ao que parece, o nervo não está completamente exposto.

MICHEL
Apenas um ponto dele foi exposto.

VÉRONIQUE
Isso. Uma parte foi exposta e outra ainda está protegida. Por isso não vão extrair por enquanto.

MICHEL
Estão tentando dar uma chance para o dente.

VÉRONIQUE
Ainda assim, o melhor seria evitar um canal ali.

ANNETTE
Claro...

VÉRONIQUE
Então há esse período de acompanhamento, em que você dá uma chance para o nervo se recuperar.

MICHEL
Enquanto isso, vão colocar facetas de cerâmica.

VÉRONIQUE
De toda forma, não se pode implantar uma prótese antes dos dezoito anos.

MICHEL
Não.

VÉRONIQUE
As próteses definitivas só são implantadas depois da fase de crescimento.

ANNETTE
Claro. Eu espero que... Espero que fique tudo bem.

VÉRONIQUE
Esperamos todos.

Leve oscilação.

ANNETTE
Essas tulipas são maravilhosas.

VÉRONIQUE
São do florista do mercado Mouton-Duvernet. Sabe qual?
Aquele bem no fim do corredor.

ANNETTE
Ah, sim.

VÉRONIQUE
Elas chegam todas as manhãs direto da Holanda, dez euros
o maço de cinquenta.

ANNETTE
É mesmo?

VÉRONIQUE
Sabe qual? Aquele que fica bem no fim.

ANNETTE
Sim, sim.

VÉRONIQUE
Vocês precisam saber que ele não queria entregar o Ferdinand.

MICHEL
Não, não queria.

VÉRONIQUE
Era impressionante ver o menino, nem rosto mais tinha, sem dente nenhum, se recusando a falar.

ANNETTE
Imagino.

MICHEL
Ele não queria entregar também por medo de ser chamado de alcaguete pelos amigos, sejamos sinceros, Véronique, não foi nada mais que valentia.

VÉRONIQUE
Claro, mas a valentia também é um espírito de coletividade.

ANNETTE
Claro... E como...? Quero dizer, enfim, como vocês chegaram no nome do Ferdinand?...

VÉRONIQUE
Pois nós explicamos para o Bruno que proteger esse menino não ia ajudá-lo.

MICHEL
Nós dissemos para ele, se esse menino pensa que pode continuar batendo sem se preocupar com isso, por que você acha que ele vai parar?

VÉRONIQUE
Nós dissemos para ele, se nós fôssemos os pais desse menino nós com certeza gostaríamos de saber.

ANNETTE
Claro.

ALAIN
Sim... (*seu telefone celular vibra.*) Com licença... (*ele se afasta do grupo; enquanto fala, tira um jornal do bolso*) Sim, Maurice, obrigado por ligar. Bom, no *Les Échos* desta manhã, vou ler para você: «Segundo um estudo publicado na revista britânica *Lancet* e retomado ontem no *F.T.*, dois pesquisadores australianos teriam identificado os efeitos neurológicos do Antril, anti-hipertensivo do laboratório Verenz-Pharma, que vão de diminuição de capacidade auditiva à ataxia»... Mas quem monitora a imprensa aí? Sim, é mesmo uma merda. Não, a merda é a AGO, vocês têm uma assembleia geral em quinze dias. Vocês têm uma provisão para contingências?... Ok... E, Maurice, Maurice, pergunta na comunicação se saiu mais alguma coisa... Até mais. (*ele desliga*) Desculpem.

MICHEL
Você é...

ALAIN
Advogado.

ANNETTE
E você?

MICHEL
Eu sou atacadista de utensílios domésticos, Véronique é escritora e trabalha meio período numa livraria de arte e história.

ANNETTE
Escritora?

VÉRONIQUE
Participei de uma coletânea sobre a civilização sabeísta, devido à retomada das escavações no fim do conflito entre a Etiópia e a Eritreia. E agora estou trabalhando num livro que sai em janeiro sobre a tragédia de Darfur.

ANNETTE
Você é especialista em África.

VÉRONIQUE
Eu me interesso por essa região do mundo.

ANNETTE
Vocês têm outros filhos?

VÉRONIQUE
Bruno tem uma irmã de nove anos, Camille. Que está chateada com o pai porque o pai deu um sumiço no hamster ontem à noite.

ANNETTE
Você deu um sumiço no hamster?

MICHEL
Dei. Aquele hamster fazia um barulho terrível de noite. São aqueles bichos que dormem de dia. O Bruno sofria, ficava exasperado com o barulho do hamster. Para dizer a verdade, por mim eu teria sumido com ele faz tempo, eu pensei «chega», peguei e pus na rua. Eu achei que esses animais gostassem de sarjeta, esgoto, mas não, ele ficou paralisado na calçada. Na verdade, não são nem animais domésticos nem selvagens, não sei qual é o habitat natural deles. Você os mete num descampado, também não ficam felizes. Não sei onde enfiar esses bichos.

ANNETTE
Você deixou o hamster na rua?

VÉRONIQUE
Sim, deixou, e quis convencer a Camille de que ele tinha fugido. Só que ela não acreditou.

ALAIN
E, hoje de manhã, ele tinha sumido?

MICHEL
Tinha sumido.

VÉRONIQUE
E você? Trabalha com o quê?

ANNETTE
Sou conselheira de gestão do patrimônio.

VÉRONIQUE
Vocês acham que seria possível... me desculpem por colocar a questão assim, sem rodeios... que o Ferdinand pedisse desculpas para o Bruno?

ALAIN
Seria bom que eles conversassem.

ANNETTE
Ele tem que pedir desculpas, Alain. Ele precisa dizer que sente muito.

ALAIN
Sim, sim. Claro.

VÉRONIQUE
Mas ele sente muito?

ALAIN
Ele tem consciência do que fez. Ele não sabia da dimensão disso. Ele tem onze anos.

VÉRONIQUE
Onze anos, ele não é mais um bebê.

MICHEL
Mas também não é nenhum adulto! A gente não ofereceu nada a vocês. Café, chá, será que ainda tem um pouco de clafoutis, Véro? Um clafoutis fora de série!

ALAIN
Aceito um café curto.

ANNETTE
Um copo d'água.

MICHEL
(*para Véronique, que vai sair*) Um *espresso* para mim também, querida, e traga o clafoutis. (*depois de uma oscilação*) É o que eu sempre digo, somos um punhado de argila,

e precisamos ser moldados. Talvez só no final encontremos alguma forma. Como saber?

ANNETTE
Hmm.

MICHEL
Vocês precisam experimentar esse clafoutis. Não é todo mundo que sabe fazer um bom clafoutis, hein?

ANNETTE
É verdade.

ALAIN
Você vende o quê?

MICHEL
Ferragens para marcenaria. Fechaduras, maçanetas, acessórios de cobre. E utensílios de cozinha, panelas, frigideiras...

ALAIN
E vai bem?

MICHEL
Sabe como é, nós nunca tivemos um ano de euforia, quando começamos já era difícil. Mas, se eu saio todos os dias bem cedo, com minha pasta e meu catálogo a tiracolo, vai bem. Não é como no ramo dos tecidos, sazonal. Se bem que a terrina para *foie gras* eu vendo melhor em dezembro!

ALAIN
Sim...

ANNETTE
Por que você não trouxe o hamster de volta para casa quando viu que ele estava paralisado?

MICHEL
Porque eu não conseguia segurá-lo com as mãos.

ANNETTE
Mas você o largou na calçada.

MICHEL
Eu o levei dentro da caixa e virei a caixa. Eu não consigo encostar nesses bichos.

Véronique retorna com uma bandeja. Bebidas e clafoutis.

VÉRONIQUE
Não sei quem colocou o clafoutis na geladeira. A Monica coloca tudo na geladeira, não adianta falar. O que o Ferdinand disse para vocês? Açúcar?

ALAIN
Não, não. O clafoutis é de quê?

VÉRONIQUE
Maçã e pera.

ANNETTE
Maçã e pera?

VÉRONIQUE
Receita de família. (*ela corta o clafoutis e serve as fatias.*) Uma pena, está gelado.

ANNETTE
Maçã com pera, isso é novidade para mim.

VÉRONIQUE
Maçã com pera é um clássico, mas tem um truque.

ANNETTE
É mesmo?

VÉRONIQUE
A pera precisa estar mais grossa que a maçã. Porque a pera cozinha mais rápido que a maçã.

ANNETTE
Ah, olha só.

MICHEL
Mas o segredo, mesmo, ela não conta.

VÉRONIQUE
Espera eles provarem.

ALAIN
Muito bom, muito bom.

ANNETTE
Molhadinho.

VÉRONIQUE
Migalhas de bolo de especiarias!

ANNETTE
Muito bem.

VÉRONIQUE

Um aprimoramento do clafoutis da Picardia. Para ser sincera, herdei a receita da mãe dele.

ALAIN

Bolo de especiarias, uma delícia... No mínimo, já aprendemos uma nova receita.

VÉRONIQUE

Eu preferia que meu filho não tivesse perdido dois dentes para isso.

ALAIN

Claro, era isso que eu queria dizer.

ANNETTE

Mas que jeito de dizer.

ALAIN

Não, de maneira nenhuma, eu... (*o celular vibra, ele olha para a tela*) Eu preciso atender... Oi, Maurice. Não, não, sem direito de resposta, você vai dar mais força para a polêmica... Tudo certo com a provisão? Hm. Hm. O que é essa síndrome, o que é ataxia?... Com a dose normal?... E desde quando se sabe disso? E nesse tempo todo vocês não retiraram de circulação? Mas quanto isso representa, em números? Ah, tá. Entendo. Sim.

Ele desliga e digita outro número enquanto devora o clafoutis.

ANNETTE
Alain, fique um pouco conosco, por favor.

ALAIN
Sim, sim, já vou. (*celular*) Serge?... Faz dois anos que eles sabem dos riscos... Um relatório interno, mas nenhum efeito colateral foi oficialmente estabelecido. Não, nenhuma medida de precaução, eles não fizeram a provisão de contingência, nenhuma palavra no relatório anual. Cambalear, problemas de equilíbrio... Resumindo, você fica parecendo meio chumbado o tempo todo. (*ele ri com o colega*) Em números, 150 milhões de dólares... Negar em bloco... Ele queria que a gente pedisse um direito de resposta, esse idiota. De jeito nenhum, não vamos pedir direito de resposta. Mas, se sair em outros lugares, podemos fazer um comunicado para a imprensa, do tipo intrigas a quinze dias da AGO... Ele vai me retornar... Ok. (*ele desliga*) Na verdade eu nem tive tempo de almoçar.

MICHEL
Sirva-se, fique à vontade.

ALAIN
Obrigado. Já exagerei. Vocês estavam dizendo...?

VÉRONIQUE
Que teria sido mais agradável se nós tivéssemos nos conhecido em outras circunstâncias.

ALAIN
Ah, sim, é claro. Esse clafoutis, então, é receita da sua mãe?

MICHEL
É uma receita da minha mãe, mas a Véro que fez.

VÉRONIQUE
Sua mãe não mistura peras e maçãs!

MICHEL
Não.

VÉRONIQUE
Ela vai operar, coitada.

ANNETTE
É mesmo? O quê?

VÉRONIQUE
O joelho.

MICHEL
Vão colocar uma prótese rotatória de metal e polietileno. Ela fica se perguntando o que vai sobrar depois que ela for cremada.

VÉRONIQUE
Deixe de ser maldoso.

MICHEL
Ela não quer ser enterrada com meu pai. Quer ser cremada e colocada ao lado da mãe dela, que está sozinha lá no sul. Duas urnas que vão ficar batendo papo olhando para o mar. Hahaha!

Oscilação simpática.

ANNETTE
Nós estamos realmente comovidos com a generosidade de vocês, nós reconhecemos que vocês têm tentado apaziguar essa situação, em vez de agravá-la.

VÉRONIQUE
Imagine, isso é o mínimo.

MICHEL
Sim!

ANNETTE
Não, não. Quantos pais não tomam as dores dos filhos, de um jeito até infantil. Se o Bruno tivesse quebrado dois dentes do Ferdinand, será que o Alain e eu não teríamos tido uma reação mais epidérmica? Não sei se teríamos demonstrado tanta visão.

MICHEL
Claro que sim!

ALAIN
Ela tem razão, não sei, não.

MICHEL
Claro que sim. Porque nós sabemos muito bem que poderia ter acontecido o contrário.

Oscilação.

VÉRONIQUE
E o Ferdinand, o que ele diz? Como ele está lidando com a situação?

ANNETTE
Ele não está falando muito. Acho que ele está perturbado.

VÉRONIQUE
Ele entende que desfigurou o colega?

ALAIN
Não. Ele não entende que desfigurou o colega.

ANNETTE
Por que você está dizendo isso? É claro que o Ferdinand entende!

ALAIN
Ele entende que o comportamento dele foi brutal, ele não entende que desfigurou o colega.

VÉRONIQUE
Você não gosta da palavra, mas infelizmente ela é bastante precisa.

ALAIN
Meu filho não desfigurou o seu filho.

VÉRONIQUE
Seu filho desfigurou o nosso filho. Voltem em cinco horas e vocês verão a boca e os dentes dele.

MICHEL
Desfigurou momentaneamente.

ALAIN
A boca vai desinchar e, quanto aos dentes, estou à disposição se precisar levá-lo ao melhor dentista que há.

MICHEL
O plano de saúde existe para isso. Nós gostaríamos, mesmo, que os meninos fizessem as pazes e que esse tipo de situação não se repetisse.

ANNETTE
Vamos combinar um encontro.

MICHEL
Sim, isso mesmo.

VÉRONIQUE
Na nossa presença?

ALAIN
Eles não precisam que ninguém diga o que fazer. Vamos deixar que eles resolvam isso como homens.

ANNETTE
Como homens, Alain? Que ridículo. Mas talvez nós não precisemos ficar junto. É melhor que não estejamos, não é?

VÉRONIQUE
A questão não é ficar ou não com eles. A questão é se eles querem conversar, querem se explicar.

MICHEL
O Bruno quer.

VÉRONIQUE
E o Ferdinand?

ANNETTE
Não vamos pedir a opinião dele.

VÉRONIQUE
Isso precisa partir dele.

ANNETTE
O Ferdinand se comportou como um delinquente, o que ele quer ou deixa de querer não importa.

VÉRONIQUE
Mas, se o Ferdinand se encontrar com o Bruno num contexto de obrigação e punição, não vejo como pode vir algo de positivo daí.

ALAIN
Minha senhora, nosso filho é um selvagem. Esperar que ele sinta um arrependimento espontâneo é completamente fora da realidade. Bom, eu sinto muito, eu preciso voltar para o escritório. Annette, você fica e me conta mais tarde o que ficou decidido, de toda forma eu não tenho utilidade nenhuma. A mulher pensa que o homem tem que estar presente, o pai tem que estar presente, como se adiantasse alguma coisa. O homem é um fardo a ser carregado, ele é deslocado, desajeitado, ah, dá para ver um trecho do metrô de superfície daqui, que engraçado!

ANNETTE
Estou um pouco confusa, mas também não posso me demorar muito... Meu marido nunca foi desses pais que saem para passear empurrando o carrinho e tudo!...

VÉRONIQUE
Que pena. É tão gostoso passear com uma criança. E o tempo voa. Você, hein, Michel, adorava cuidar das crianças, e como gostava de empurrar o carrinho...

MICHEL
Sim, é verdade.

VÉRONIQUE
E então, fazemos como?

ANNETTE
Será que vocês poderiam passar na nossa casa com o Bruno em torno de sete e meia?

VÉRONIQUE
Sete e meia?... O que você acha, Michel?

MICHEL
Eu... Bem, se eu tiver direito a uma opinião...

ANNETTE
Claro, diga.

MICHEL
Eu acho que é o Ferdinand que deveria vir até aqui.

VÉRONIQUE
Sim, eu concordo.

MICHEL
Não é a vítima que se desloca.

VÉRONIQUE
É verdade.

ALAIN
Às sete e meia eu não posso estar em lugar nenhum.

ANNETTE
Não precisamos de você porque você não tem utilidade nenhuma.

VÉRONIQUE
Ainda assim, seria bom que o pai estivesse junto.

ALAIN
(*celular vibra*) Está bem, mas então não pode ser hoje. Alô? O relatório não menciona nada. Mas o risco não foi estabelecido oficialmente. Não tem prova nenhuma...

Ele desliga.

VÉRONIQUE
Amanhã?

ALAIN
Amanhã estarei em Haia.

VÉRONIQUE
Você trabalha em Haia?

ALAIN
Tenho um processo no Tribunal Penal Internacional.

ANNETTE
O importante é que as crianças conversem. Estarei com o Ferdinand aqui, na casa de vocês, às sete e meia, e vamos deixar que eles se expliquem. Não? Vocês não parecem convencidos.

VÉRONIQUE
Se o Ferdinand não for responsabilizado, eles vão ficar se encarando e vai ser uma catástrofe.

ALAIN
O que você quer dizer com isso? O que significa «ser responsabilizado»?

VÉRONIQUE
O filho de vocês não é um selvagem.

ANNETTE
O Ferdinand não é um selvagem.

ALAIN
Ele é.

ANNETTE
Alain, que idiotice, por que você está falando uma coisa dessas?

ALAIN
Ele é um selvagem.

MICHEL
Como ele explica o que fez?

ANNETTE
Ele não quer falar sobre isso.

VÉRONIQUE
Mas ele tem que falar.

ALAIN
Minha senhora, ele tem que muitas coisas. Ele tem que vir até aqui, ele tem que falar, ele tem que se arrepender. Vocês visivelmente possuem habilidades que nós não temos. Nós vamos melhorar mas, enquanto isso, sejam um pouco tolerantes.

MICHEL
Está bem, está bem. Não vamos entrar nessa.

VÉRONIQUE
Eu falo por ele, eu falo pelo Ferdinand.

ALAIN
Sim, eu já entendi.

ANNETTE
Vamos nos sentar por mais dois minutinhos?

MICHEL
Mais um café?

ALAIN
Está bem, um café.

ANNETTE
Então para mim também. Obrigada.

MICHEL
Pode deixar, Véro, eu pego.

Oscilação.
Annette mexe delicadamente em alguns dos muitos livros de arte expostos na mesa de centro.

ANNETTE
Você gosta muito de pinturas, né?

VÉRONIQUE
De pinturas, de fotografias... É um pouco a minha área.

ANNETTE
Eu também adoro Bacon.

VÉRONIQUE
Ah, sim, Bacon.

ANNETTE
(*virando as páginas*) Crueza e esplendor.

VÉRONIQUE
Caos. Equilíbrio.

ANNETTE
Sim...

VÉRONIQUE
O Ferdinand se interessa por arte?

ANNETTE
Não tanto quanto deveria... Os seus filhos?

VÉRONIQUE
Estamos tentando. Estamos tentando compensar as lacunas da escola nesse aspecto.

ANNETTE
Sim...

VÉRONIQUE
Estamos tentando fazer com que leiam. Nós os levamos a concertos, exposições. Temos esse defeito de acreditar no poder pacificador da cultura!

ANNETTE
Vocês estão certos...

O DEUS DA CARNIFICINA

Michel volta com os cafés.

MICHEL
O clafoutis é um bolo ou uma torta? Estou falando sério.
Eu estava pensando ali na cozinha, por que a Linzertorte
é uma torta? Comam, comam, não vamos deixar só esse
restinho.

VÉRONIQUE
O clafoutis é um bolo. A massa não está por baixo, mas é
misturada com as frutas.

ALAIN
Você sabe mesmo cozinhar.

VÉRONIQUE
Eu adoro cozinhar. E, para cozinhar, tem mesmo que
adorar. Na minha opinião, só se deve chamar de torta
quando se trata da torta clássica, ou seja, quando a massa
é aberta.

MICHEL
E vocês, vocês têm mais filhos?

ALAIN
Tenho um filho de um primeiro casamento.

MICHEL
Eu fiquei me perguntando, mesmo que não tenha importância nenhuma, qual era o motivo da briga. O Bruno não abriu o bico para falar isso.

ANNETTE
O Bruno não deixou o Ferdinand entrar no bando dele.

VÉRONIQUE
O Bruno tem um bando?

ALAIN
E ele chamou o Ferdinand de dedo-duro.

VÉRONIQUE
Você sabia que o Bruno tem um bando?

MICHEL
Não. Estou explodindo de alegria.

VÉRONIQUE
Por que você está explodindo de alegria?

MICHEL
Porque eu também era chefe de um bando.

ALAIN
Eu também.

VÉRONIQUE
E o que isso significa?

MICHEL
Que tem uns cinco, seis caras que adoram você e dariam a vida por você. Como em *Ivanhoé*.

ALAIN
Exatamente, como em *Ivanhoé*!

VÉRONIQUE
Quem conhece *Ivanhoé* hoje em dia?

ALAIN
Eles têm outros modelos, o Homem-Aranha...

VÉRONIQUE
Bom, vejo que vocês estão mais bem informados que nós. Ferdinand não ficou tão de bico fechado quanto vocês disseram. E por que ele chamou o Bruno de «dedo-duro»? Não, deixem para lá, que pergunta estúpida. Tanto faz, não é essa a questão.

ANNETTE
Não podemos nos intrometer nessas brigas de criança.

VÉRONIQUE
Isso não nos diz respeito.

ANNETTE
Não.

VÉRONIQUE
Por outro lado, o que infelizmente aconteceu nos diz respeito. A violência, isso nos diz respeito.

MICHEL
Quando eu tinha o meu bando, no colegial, eu derrotei sozinho o Didier Leglu, que era mais forte que eu.

VÉRONIQUE
O que você quer dizer com isso, Michel? Isso não tem nada a ver.

MICHEL
Não, não tem nada a ver.

VÉRONIQUE
Não estamos falando de uma briga. As crianças não estavam brigando.

MICHEL
É verdade, é verdade. Eu só estava comentando, porque me lembrei.

ALAIN
Não tem tanta diferença.

VÉRONIQUE
Tem, sim. Me desculpe, meu senhor, mas tem uma diferença.

MICHEL
Tem uma diferença.

ALAIN
Qual?

MICHEL
Nós concordamos em brigar, Didier Leglu e eu.

ALAIN
Você acabou com ele?

MICHEL
Claro, um pouco.

VÉRONIQUE
Bom, vamos deixar esse Didier Leglu para lá. Vocês me autorizam a falar com o Ferdinand?

ANNETTE
Mas é claro!

VÉRONIQUE
Eu não faria isso se vocês não concordassem.

ANNETTE
Fale com ele. Não há nada de estranho nisso.

ALAIN
Boa sorte.

ANNETTE
Chega, Alain. Não estou mais entendendo.

ALAIN
Se a sra. Véronique quer...

VÉRONIQUE
Só Véronique. Melhor pararmos com as formalidades.

ALAIN
Véronique, é uma ambição pedagógica o que motiva você, e isso é muito simpático...

VÉRONIQUE
Se vocês não quiserem que eu fale com ele, eu não falo.

ALAIN
Imagine, fale com ele, dê um sermão nele, faça o que quiser.

VÉRONIQUE
Não entendo como você consegue não estar afetado por isso tudo.

ALAIN
Minha senhora...

MICHEL
Véronique.

ALAIN
Véronique, eu não poderia estar mais afetado. Meu filho machuca uma outra criança...

VÉRONIQUE
De propósito.

ALAIN
Sabe, é esse tipo de observação que me tira do sério. De propósito, sim, nós sabemos.

VÉRONIQUE
Mas é justamente essa a diferença.

ALAIN
A diferença do que para quê? Nós só falamos disso. Nosso filho pegou um bastão e bateu no de vocês. Estamos aqui por causa disso, não?

ANNETTE
Isso não leva a lugar nenhum.

MICHEL
Sim, ela está certa, esse tipo de discussão não leva a lugar nenhum.

ALAIN
Por que você sente a necessidade de frisar «de propósito»?
Que tipo de lição você quer me dar?

ANNETTE
Escutem, estamos descendo ladeira abaixo, meu marido
está aflito por causa de outras questões, eu volto aqui mais
tarde com o Ferdinand, e vamos deixar as coisas se acer-
tarem naturalmente.

ALAIN
Eu não estou aflito, absolutamente.

ANNETTE
Bom, eu estou.

MICHEL
Nós não temos nenhum motivo para ficar aflitos.

ANNETTE
Temos, sim.

ALAIN
(*celular vibra*) Você não responde... Nada a comentar... Não,
vocês não vão retirar! Se vocês retirarem, vocês são responsáveis... Retirar o Antril é assumir a responsabilidade!

Não tem nada no relatório anual. Se vocês querem ser processados por um relatório falso e demitidos daqui a quinze dias, então retirem de circulação...

VÉRONIQUE
Na festa da escola no ano passado, foi o Ferdinand que interpretou o senhor de...

ANNETTE
Senhor de Pourceaugnac.

VÉRONIQUE
Senhor de Pourceaugnac.

ALAIN
A gente pensa nas vítimas depois da assembleia, Maurice... Vamos ver depois da assembleia, dependendo do que acontecer...

VÉRONIQUE
Ele estava ótimo.

ANNETTE
Sim...

ALAIN
Nós não vamos retirar o remédio porque três gatos-pingados estão tropicando!... Por enquanto, você não responde nada. Sim. Até daqui a pouco...

Desliga e telefona para seu colega.

VÉRONIQUE
A gente se lembra bem dele no *Senhor de Pourceaugnac*. Você lembra, Michel?

MICHEL
Sim, sim.

VÉRONIQUE
Vestido de mulher, foi engraçado.

ANNETTE
Sim...

ALAIN
(*para o colega*) Eles estão metendo os pés pelas mãos. A rádio está atrás deles. Manda prepararem um comunicado de imprensa, mas que não tenha nada de defensivo, pelo contrário, vamos com tudo, vocês insistem que o VerenzPharma é vítima de uma tentativa de desestabilização a

quinze dias de sua assembleia geral, e de onde vem esse estudo, por que ele caiu do céu agora etc. Não falem nada sobre problema de saúde, a pergunta é apenas: quem está por trás desse estudo? Ótimo.

Desliga.
Breve oscilação.

MICHEL
Esses laboratórios são terríveis. Lucro, lucro.

ALAIN
Você não deveria estar participando da minha conversa.

MICHEL
Você não é obrigado a conversar na minha frente.

ALAIN
Eu sou. Eu sou, sim, obrigado a ter essa conversa aqui. Contra a minha vontade, pode acreditar.

MICHEL
Eles enfiam a porcaria deles goela abaixo sem escrúpulo nenhum.

ALAIN
No campo terapêutico, qualquer avanço está associado a um benefício e a um risco.

MICHEL
Sim, eu sei disso. Ainda assim. Seu trabalho é bem esquisito, de qualquer maneira.

ALAIN
O que você quer dizer com isso?

VÉRONIQUE
Michel, nós não temos nada com isso.

MICHEL
Um trabalho bem esquisito.

ALAIN
E você faz o quê?

MICHEL
Eu tenho um trabalho normal.

ALAIN
O que é um trabalho normal?

MICHEL
Eu vendo panelas, eu já disse.

ALAIN
E maçanetas.

MICHEL
E sistemas de descarga. E mais uma série de coisas.

ALAIN
Ah, sistemas de descarga. Eu adoro isso. Isso me interessa muito.

ANNETTE
Alain.

ALAIN
Isso me interessa. O sistema de descarga me interessa muito.

MICHEL
E por que não interessaria?

ALAIN
Quantos tipos existem?

MICHEL
Existem dois sistemas. De apertar e puxar.

ALAIN
É mesmo?

MICHEL
Depende do encanamento.

ALAIN
É mesmo?

MICHEL
A água chega por cima ou chega por baixo.

ALAIN
Sei.

MICHEL
Posso te apresentar a um dos meus auxiliares de depósito, especializado nisso, se você quiser. Mas é preciso ir até Saint-Denis-La-Plaine.

ALAIN
Você parece realmente dominar o assunto.

VÉRONIQUE
Vocês pensam em punir o Ferdinand de algum jeito? Vocês podem continuar com essa conversa de encanamento num ambiente mais adequado.

ANNETTE
Não estou me sentindo bem.

VÉRONIQUE
O que você tem?

ALAIN
Querida, você está mesmo pálida.

MICHEL
Você está mesmo um pouco descorada.

ANNETTE
Estou enjoada.

VÉRONIQUE
Enjoada?... Eu tenho Primpéran.

ANNETTE
Não, tudo bem... Vai ficar tudo bem...

VÉRONIQUE
O que nós podemos...? Coca! Coca-Cola faz bem.

Ela sai para buscar a Coca-Cola.

ANNETTE
Vai ficar tudo bem...

MICHEL
Caminhe um pouco. Dê alguns passos.

Ela caminha um pouco.
Véronique volta com a Coca-Cola.

ANNETTE
Você acha que...?

VÉRONIQUE
Sim, sim. Tome em golinhos.

ANNETTE
Obrigada...

ALAIN
(*ele telefonou para o escritório sem ser notado*) Por favor, me passe para o Serge. Ah, é mesmo? Sim, que ele retorne, que

ele retorne assim que possível... (*Desliga*) A Coca é boa para isso? Não é para diarreia que ela é boa?

VÉRONIQUE
Não só. (*para Annette*) Está melhor?

ANNETTE
Estou melhor... Minha senhora, se nós quisermos repreender nosso filho, nós faremos isso do nosso jeito e sem ter de prestar contas a ninguém.

MICHEL
Com toda certeza.

VÉRONIQUE
Com toda certeza o quê, Michel?

MICHEL
Eles fazem o que quiserem com o filho deles, eles são livres.

VÉRONIQUE
Eu não acho.

MICHEL
Você não acha o quê, Véro?

VÉRONIQUE
Que eles sejam livres.

ALAIN
Vamos lá. Prossiga. (*celular vibra*) Ah, desculpe. (*para o colega*) Perfeito. Mas não esqueça, nada foi provado, não há nenhuma confirmação... Nenhum deslize, se a gente escorrega em alguma coisa o Maurice está arruinado em quinze dias, e nós junto com ele.

ANNETTE
Chega, Alain! Agora chega desse celular! Fique com a gente, que merda!

ALAIN
Sim... Ligue de volta para ler para mim. (*desliga*) O que você tem, você está louca, sair gritando assim? O Serge ouviu tudo!

ANNETTE
Que bom que ouviu! Você não sai desse telefone, que saco!

ALAIN
Olha, Annette, eu estou fazendo um favor de estar aqui...

VÉRONIQUE
Isso é um absurdo.

ANNETTE
Eu vou vomitar.

ALAIN
Não, você não vai vomitar.

ANNETTE
Eu vou.

MICHEL
Você quer ir até o banheiro?

ANNETTE
(*para Alain*) Ninguém está obrigando você a ficar aqui...

VÉRONIQUE
Não, ninguém está obrigando você a ficar aqui.

ANNETTE
Ah, está tudo rodando...

ALAIN
Olhe para um ponto fixo. Olhe para um ponto fixo, Tutu.

ANNETTE
Vá pra lá, me deixe em paz.

VÉRONIQUE
É melhor ela ir para o banheiro.

ALAIN
Vá para o banheiro. Vá para o banheiro se você vai vomitar.

MICHEL
Dê o Primpéran para ela.

ALAIN
Será que não foi o clafoutis?

VÉRONIQUE
Eu fiz ontem!

ANNETTE
(*para Alain*) Não encoste em mim!...

ALAIN
Calma, Tutu.

MICHEL
Por favor, por que se alterar por uma coisa tão boba?!

ANNETTE
Para o meu marido, tudo que é de casa, da escola, do jardim, é da minha alçada.

ALAIN
Claro que não!

ANNETTE
É, sim. E eu entendo você. Essas coisas são de matar. De matar.

VÉRONIQUE
Se elas são tão pesadas assim, por que colocar crianças no mundo?

MICHEL
Talvez o Ferdinand sinta essa falta de interesse.

ANNETTE
Que falta de interesse?

MICHEL
Você acabou de dizer... (*Annette vomita com violência. Um jorro violento e catastrófico que atinge parcialmente Alain. Os livros de arte em cima da mesa de centro também são alvejados*) Vá buscar um balde, vá buscar um balde!

Véronique corre para buscar um balde enquanto Michel pega a bandeja de café, para garantir.
Annette tem um novo espasmo, mas não sai nada.

ALAIN
Você tinha que ter ido para o banheiro, Tutu, isso é um absurdo!

MICHEL
Pois é, o terno está condenado!

Véronique volta rapidamente com uma bacia e um pano.
Dão a bacia para Annette.

VÉRONIQUE
Não pode ter sido o clafoutis, tenho certeza.

MICHEL
Não foi o clafoutis, isso é de nervoso. Isso é de nervoso.

VÉRONIQUE
(*para Alain*) Você quer se limpar no banheiro? Ah, minha nossa, o Kokoschka! Meu Deus!

Annette vomita bile na bacia.

MICHEL
Dê o Primpéran para ela.

VÉRONIQUE
Agora não, nada vai parar no estômago dela agora.

ALAIN
Onde fica o banheiro?

VÉRONIQUE
Eu mostro o caminho.

Véronique e Alain saem.

MICHEL
Isso é de nervoso. É uma crise nervosa. Você é mãe, Annette. Querendo ou não. Eu entendo que você esteja angustiada.

ANNETTE
Aham.

MICHEL
É o que eu sempre digo, nós não conseguimos dominar aquilo que nos domina.

ANNETTE
Aham...

MICHEL
Para mim, vai tudo para a coluna. Minha coluna fica
travada.

ANNETTE
Aham...

Mais um pouco de bile.

VÉRONIQUE
(*voltando com outra bacia e, dentro dela, uma esponja*) O
que vamos fazer com o Kokoschka?

MICHEL
Eu limparia com Monsieur Propre... O problema é na hora
de secar... Ou então limpa com água e joga um pouco de
perfume.

VÉRONIQUE
Perfume?

MICHEL
Coloca o meu Kouros, eu quase não uso.

VÉRONIQUE
Vai ficar tudo enrugado.

MICHEL
Podemos passar um pouco de secador e alisar colocando outros livros por cima. Ou passar a ferro, como fazemos com dinheiro.

VÉRONIQUE
Ah, minha nossa.

ANNETTE
Eu compro outro...

VÉRONIQUE
É impossível de encontrar, ele está esgotado há muito tempo.

ANNETTE
Me desculpe, eu sinto muito mesmo.

MICHEL
Vamos dar um jeito. Me deixe fazer isso, Véro.

Ela lhe entrega com nojo a bacia e a esponja.
Michel se empenha na limpeza do livro.

VÉRONIQUE
É uma reedição de mais de vinte anos do catálogo de uma exposição de Londres de 1953!...

MICHEL
Vá buscar o secador. E o Kouros. Está no armário das toalhas.

VÉRONIQUE
O marido dela está no banheiro.

MICHEL
Ele não está nu! (*ela sai, ele continua a limpar*) Tirei o grosso. Agora um pouco nos Dolgans... Já volto.

Ele sai com a bacia suja.
Véronique e Michel voltam quase juntos.
Ela, com o frasco de perfume; ele, com uma bacia com água limpa.
Michel termina de limpar.

VÉRONIQUE
(*para Annette*) Está se sentindo melhor?

ANNETTE
Sim...

VÉRONIQUE
Jogo um pouquinho?

MICHEL
Cadê o secador?

VÉRONIQUE
Ele vai trazer quando tiver terminado.

MICHEL
Vamos esperar. Vamos colocar o Kouros só no fim.

ANNETTE
Eu poderia usar o banheiro também?

VÉRONIQUE
Sim, sim. Claro, claro.

ANNETTE
Não sei como me desculpar...

Véronique a acompanha e logo está de volta.

VÉRONIQUE
Que pesadelo bizarro!

MICHEL
Olha, é melhor ele não me provocar.

VÉRONIQUE
Ela também é detestável.

MICHEL
Menos.

VÉRONIQUE
Ela é falsa.

MICHEL
Ela me incomoda menos.

VÉRONIQUE
Os dois são detestáveis. Por que você ficou do lado deles?

Ela borrifa as tulipas com o perfume.

MICHEL
Eu não fiquei do lado deles, como assim?

VÉRONIQUE
Você contemporiza, você fica em cima do muro.

MICHEL
De jeito nenhum!

VÉRONIQUE
Fica, sim. Você conta suas proezas de chefe do bando, você diz que eles são livres para fazer o que quiserem com o filho deles sendo que o moleque é um perigo para a sociedade! Quando um moleque é um perigo para a sociedade isso é da conta de todo mundo! É um despautério que ela tenha golfado nos meus livros!

Ela borrifa perfume no Kokoschka.

MICHEL
(*apontando*) Os Dolgans...

VÉRONIQUE
Quando a gente sente que vai botar os bofes para fora, a gente se antecipa.

MICHEL
... o Fujita.

VÉRONIQUE
(*ela borrifa tudo*) Isso é nojento.

MICHEL
Eu quase não aguentei na hora dos sistemas de privada.

VÉRONIQUE
Você foi maravilhoso.

MICHEL
Respondi direito, hein?

VÉRONIQUE
Maravilhoso. Aquilo do auxiliar de depósito foi maravilhoso.

MICHEL
Que merda. Como ele chama ela...?

VÉRONIQUE
Tutu.

MICHEL
Ah, é. Tutu.

VÉRONIQUE
Tutu!

Os dois riem.

ALAIN
(*de volta, secando a mão*) Sim, eu a chamo de «Tutu».

VÉRONIQUE
Ah... Desculpe, não estava sendo maldosa... Nós sempre tiramos sarro dos apelidos das pessoas! E nós, do que nós nos chamamos, Michel? É bem pior, não é?

ALAIN
Vocês queriam o secador?

VÉRONIQUE
Obrigada.

MICHEL
Obrigado. (*pegando o secador*) Nós nos chamamos de Darjeeling, que nem o chá. Na minha opinião, é muito mais ridículo. (*Michel liga o secador e começa a secar os livros. Véronique alisa as folhas molhadas*) Alisa bem, alisa bem.

VÉRONIQUE
(*por cima do barulho, enquanto alisa as páginas*) Como ela está, coitada? Está melhor?

ALAIN
Melhor.

VÉRONIQUE
Eu reagi muito mal. Que vergonha.

ALAIN
De jeito nenhum.

VÉRONIQUE
Fiquei em cima dela por causa do meu catálogo, não acredito nisso.

MICHEL
Vire a página. Segure assim, segure assim.

ALAIN
Vocês vão rasgar.

VÉRONIQUE
É verdade... Chega, Michel, já secou. Nós nos apegamos demais às coisas e nem sabemos direito por quê.

Michel fecha o catálogo, que ambos cobrem com uma pequena pilha de livros pesados.
Michel seca o Fujita, os Dolgans etc.

MICHEL
Pronto! Impecáveis.
E de onde vem isso, «Tutu»?

ALAIN
De uma música do Paolo Conte, faz um «va va va».

MICHEL
Sei qual é! Sei qual é! (*cantarolando*) Va, va, va!... Tutu!
Hahaha... E o nosso é uma variação de *darling*, por causa
de uma lua de mel na Índia. É besta.

VÉRONIQUE
Será que eu deveria ir lá vê-la?

MICHEL
Vá, sim, Darjeeling.

VÉRONIQUE
Eu vou?... (*Annette volta*) Ah, Annette! Eu estava preocupada... Você está melhor?

ANNETTE
Acho que sim.

ALAIN
Se você não tem certeza, fique longe da mesa de centro.

ANNETTE
Eu deixei a toalha na banheira, não sabia onde colocar.

VÉRONIQUE
Está ótimo.

ANNETTE
Vocês conseguiram limpar. Eu sinto muito.

MICHEL
Está tudo perfeito. Tudo na mais perfeita ordem.

VÉRONIQUE
Annette, me desculpe, eu não pude, por assim dizer, me ocupar de você. Fiquei concentrada no meu Kokoschka...

ANNETTE
Não se preocupe.

VÉRONIQUE
Eu reagi muito mal.

ANNETTE
Não, imagine... (*depois de uma hesitação constrangedora...*)
Eu pensei uma coisa, lá no banheiro...

MICHEL
Pode falar, Annette.

ANNETTE
Um xingamento também é uma agressão.

MICHEL
Claro que é.

VÉRONIQUE
Depende, Michel.

MICHEL
É, depende.

ANNETTE
O Ferdinand nunca foi violento. Ele não pode ter sido violento sem razão.

ALAIN
Ele foi chamado de dedo-duro!... (*celular vibra*) Desculpem!... (*afasta-se, com gestos exagerados de desculpas para*

Annette) Sim... Desde que nenhuma vítima fale. Sem vítimas. Eu não quero que vocês fiquem ao lado das vítimas... Nós vamos negar em bloco e, se for preciso, a gente ataca o jornal... Vamos mandar a proposta de comunicado para você por fax, Maurice. (*desliga*) Se me chamam de dedo-duro, eu fico nervoso.

MICHEL
A menos que seja verdade.

ALAIN
Como?

MICHEL
Quero dizer, a menos que seja justificado.

ANNETTE
Meu filho é um dedo-duro?

MICHEL
Claro que não, estou brincando.

ANNETTE
O de vocês também, se for assim.

MICHEL
Como assim, o nosso também?

ANNETTE
Ele entregou o Ferdinand.

MICHEL
Porque nós insistimos!

VÉRONIQUE
Michel, estamos fugindo completamente do assunto.

ANNETTE
Não interessa. Porque vocês insistiram ou não, ele entregou.

ALAIN
Annette.

ANNETTE
Annette o quê? (*para Michel*) Você acha que meu filho é um dedo-duro?

MICHEL
Eu não acho nada.

ANNETTE
Então, se você não acha nada, não diga nada. Não faça insinuações.

VÉRONIQUE
Annette, vamos manter a calma. Michel e eu estamos nos esforçando para ser sensatos, moderados...

ANNETTE
Nem tanto.

VÉRONIQUE
É mesmo? Por quê?

ANNETTE
Moderados na superfície.

ALAIN
Tutu, eu preciso mesmo ir...

ANNETTE
Pode ir, seu covarde.

ALAIN
Annette, eu posso perder o meu maior cliente, e essas picuinhas de pais responsáveis...

VÉRONIQUE
Meu filho perdeu dois dentes. Os dois da frente.

ALAIN
Sim, sim, nós ficamos sabendo.

VÉRONIQUE
Um deles, definitivamente.

ALAIN
Ele vai ter outros, nós vamos colocar outros dentes nele!
Melhores ainda! Não é também um tímpano furado!

ANNETTE
Nós erramos em não considerar a causa do problema.

VÉRONIQUE
Não existe uma causa. O que existe é uma criança de onze
anos que bate em outras. Com um bastão.

ALAIN
Armado com um bastão.

MICHEL
Nós retiramos essa palavra.

ALAIN
Vocês retiraram porque nós fizemos uma objeção.

MICHEL
Nós a retiramos sem discutir.

ALAIN
Uma palavra que desconsidera deliberadamente o erro, a imperfeição, que desconsidera a infância.

VÉRONIQUE
Não vou mais aguentar esse tom.

ALAIN
Desde o começo nós tivemos muita dificuldade em nos entender, eu e você.

VÉRONIQUE
Meu senhor, nada é mais aviltante que ser recriminado por algo que nós mesmos entendemos ter sido um erro. A palavra «armado» não estava bem colocada, nós a trocamos. No entanto, se nos mantivermos à definição estrita da palavra, ela não estava sendo usada de um modo impróprio.

ANNETTE
O Ferdinand foi xingado e ele reagiu. Se alguém me ataca eu me defendo, principalmente se estou diante de um bando.

MICHEL
Mas esse vômito todo foi revigorante, hein.

ANNETTE
Você percebe a grosseria que é dizer uma coisa dessas?

MICHEL
Somos todos pessoas de boa-fé. Todos nós, os quatro, tenho certeza disso. Por que então se exaltar com essas provocações, essas rusgas que não levam a lugar nenhum?

VÉRONIQUE
Ah, Michel, chega! Chega de tentar contemporizar. Já que nós somos moderados na superfície, então não vamos mais ser!

MICHEL
Não, não, eu me recuso a ser carregado ladeira abaixo.

ALAIN
Que ladeira?

MICHEL
A ladeira lamentável em que fomos colocados por esses dois moleques. É isso!

ALAIN
Temo que a Véro não partilhe desse seu ponto de vista.

VÉRONIQUE
Véronique!

ALAIN
Me desculpe.

VÉRONIQUE
Coitado do Bruno, agora ele é um moleque. Era o que faltava!

ALAIN
Bom, está bem, agora eu preciso mesmo ir.

ANNETTE
Eu também.

VÉRONIQUE
Vão, vão logo, eu desisto.

Toca o telefone dos Houllié.

MICHEL
Alô? Oi, mamãe... Não, não, estamos com amigos aqui,
mas pode falar. Sim, pare de tomar isso, faça isso que estão
dizendo. ... Você toma Antril?! Espera, espera, mamãe, não
desligue... (*para Alain*) É Antril a porcaria de vocês, não é?
Minha mãe toma isso!

ALAIN
Milhares de pessoas tomam.

MICHEL
Olha só, pare imediatamente de tomar isso. Você está me
ouvindo, mamãe? Neste segundo. ... Não tem discussão.
Eu explico depois. ... Diga ao dr. Perolo que fui eu que
proibi. ... Por que vermelhas?... Para quem te ver?... Isso é
um absurdo... Bom, falamos disso mais tarde. Um beijo,
mamãe. Eu te ligo de volta. (*ele desliga*) Ela alugou muletas
vermelhas para não ser atropelada pelos caminhões. Para
o caso de, nesse estado em que ela está, ela resolver dar
uma volta de noite numa estrada. Ela toma Antril para a
hipertensão!

ALAIN
Se ela toma e parece normal, vou citá-la como testemunha.
Eu não estava com um cachecol? Ah, está aqui.

MICHEL
Esse seu cinismo não me agrada nem um pouco. Se a minha mãe apresentar o menor sintoma, você vai me ver encabeçando uma ação coletiva.

ALAIN
Vamos enfrentar isso de um jeito ou de outro.

MICHEL
Eu espero que sim.

ANNETTE
Adeus, minha senhora.

VÉRONIQUE
Não adianta nada se comportar direito. A honestidade é uma besteira, ela só nos enfraquece e nos faz baixar a guarda...

ALAIN
Bom, vamos embora, Annette, já tivemos nossa cota diária de prédicas e sermões.

MICHEL
Vão, vão embora. Mas deixem-me dizer isso: agora que conheci vocês, me parece que, qual o nome dele mesmo?, Ferdinand tem algumas circunstâncias atenuantes.

ANNETTE
Quando se matou um hamster...

MICHEL
Matou?

ANNETTE
Sim.

MICHEL
Eu matei o hamster?

ANNETTE
Sim. Você se esforça para nos fazer sentir culpados, você virou o bastião da virtude, e a verdade é que você não passa de um assassino.

MICHEL
Eu não matei aquele hamster, de jeito nenhum!

ANNETTE
Você fez pior. Você o abandonou, tremendo de medo, num ambiente hostil. O pobre hamster deve ter sido comido por um cachorro ou uma ratazana.

VÉRONIQUE
É verdade! É verdade!

MICHEL
Como assim, é verdade?!

VÉRONIQUE
É verdade! O que você queria? Deve ter acontecido alguma coisa horrível com aquele bicho.

MICHEL
Eu achei que o hamster ficaria feliz por estar em liberdade, eu achei que ele ia sair correndo desesperado de alegria pela sarjeta!

VÉRONIQUE
Mas não foi o que aconteceu.

ANNETTE
E você o abandonou.

MICHEL
Eu não consigo tocar nesses bichos! Eu não consigo por a mão em animais desse tipo, que merda, você sabe muito bem disso, Véro!

VÉRONIQUE
Ele tem medo de roedores.

MICHEL
Sim, eu tenho pavor de roedores, fico em pânico com os répteis, não tenho nenhuma afinidade com esses animais que rastejam! É isso!

ALAIN
(*para Véronique*) E você, por que você não desceu para buscá-lo?

VÉRONIQUE
Ué, mas se eu não sabia de nada! Michel disse só na manhã seguinte, para mim e para as crianças, que o hamster tinha fugido. Eu desci na hora, na mesma hora, refiz todo o trajeto, fui até no subsolo do prédio.

MICHEL
Véronique, acho revoltante me ver sentado no banco dos réus por causa dessa história de hamster que você achou

necessário compartilhar. É um assunto pessoal que só diz respeito a nós e não tem nada a ver com a situação de que estamos tratando! É inconcebível que me chamem de assassino! Em minha própria casa!

VÉRONIQUE
O que a sua própria casa tem a ver com isso?

MICHEL
A minha própria casa, cujas portas eu abri com um espírito de reconciliação, para pessoas que deveriam se sentir gratas a mim!

ALAIN
Você continua a se congratular, é maravilhoso.

ANNETTE
Você não sente nenhum remorso?

MICHEL
Não sinto remorso nenhum. Esse bicho sempre me enojou. Estou contente que ele não esteja mais aqui.

VÉRONIQUE
Michel, isso é ridículo.

MICHEL

O que é ridículo? Você também enlouqueceu? O filho deles espancou o Bruno e eles vêm me encher o saco por causa de um hamster?

VÉRONIQUE

Você se comportou mal em relação ao hamster, isso você não pode negar.

MICHEL

Eu estou pouco me lixando para esse hamster!

VÉRONIQUE

Você não vai poder se lixar para ele hoje à noite diante da sua filha.

MICHEL

Ah, deixa ela! Não vai ser uma pirralha de nove anos que vai me dizer como eu devo me comportar!

ALAIN

Nisso estou com ele, cem por cento.

VÉRONIQUE

Isso é lamentável.

MICHEL
Cuidado, Véronique, cuidado, até agora eu me mantive na linha, mas estou a dois passos de mudar de lado.

ANNETTE
E o Bruno?

MICHEL
O que tem o Bruno?

ANNETTE
Ele não está triste?

MICHEL
Tenho a impressão de que o Bruno está enfrentando outros problemas.

VÉRONIQUE
O Bruno era menos apegado ao Mordisco.

MICHEL
O nome, também, que ridículo!

ANNETTE
Se você não sente nenhum remorso, por que você gostaria que o nosso filho sentisse?

MICHEL
Olha, eu vou dizer, todas essas deliberações idiotas, estou por aqui com tudo isso. Nós quisemos ser simpáticos, nós compramos tulipas, minha mulher me fantasiou de um cara de esquerda, mas a verdade é que eu não tenho nenhum autocontrole, eu sou um cara difícil.

ALAIN
Somos todos.

VÉRONIQUE
Não. Não. Sinto muito, não somos todos difíceis.

ALAIN
Bom, não você.

VÉRONIQUE
Eu, não. Graças a Deus.

MICHEL
Você não, Darji, você não, você é uma mulher evoluída, você está a salvo de qualquer deslize.

VÉRONIQUE
Por que você está me agredindo?

MICHEL
Eu não estou te agredindo. Pelo contrário.

VÉRONIQUE
Você está sim e sabe disso.

MICHEL
Você organizou essa reuniãozinha, eu me deixei convencer...

VÉRONIQUE
Você se deixou convencer?

MICHEL
Sim.

VÉRONIQUE
Isso é revoltante.

MICHEL
De jeito nenhum. Você é uma militante da civilidade, tudo isso se deve a você.

VÉRONIQUE
Eu sou mesmo uma militante da civilidade! E por sorte existem pessoas assim no mundo! (*à beira das lágrimas*) Você acha que é melhor ser uma pessoa difícil?

ALAIN
Vamos, vamos.

VÉRONIQUE
(*idem*) É normal criticar alguém por não ser difícil?

ANNETTE
Ninguém fez isso. Ninguém está te criticando.

VÉRONIQUE
Estão, sim.

Ela chora.

ALAIN
Não...

VÉRONIQUE
O que teria sido melhor? Processar vocês? Não conversar sobre nada disso e nós nos destruirmos por meio dos planos de saúde?

MICHEL
Pare, Véro.

VÉRONIQUE
Parar com o quê?

MICHEL
Você está exagerando...

VÉRONIQUE
Eu não estou nem aí! A gente se esforça para escapar da mesquinharia... e termina humilhada e completamente sozinha...

ALAIN
(*o celular estava vibrando*) Sim... «Que eles provem...» «Então provem!»... Mas, na minha opinião, seria melhor nem responder...

MICHEL
Nós estamos sempre sozinhos! Sempre, em todo lugar! Quem quer uma dose de rum?

ALAIN
Maurice, estou em reunião, eu ligo de volta do escritório...

Ele desliga.

VÉRONIQUE
É isso. Eu moro com uma pessoa completamente negativa.

ALAIN
Quem é negativo?

MICHEL
Eu.

VÉRONIQUE
Foi a pior ideia do mundo! Nós nunca deveríamos ter marcado esta conversa.

MICHEL
Eu avisei você.

VÉRONIQUE
Você me avisou?

MICHEL
Sim.

VÉRONIQUE
Você me disse que não queria marcar esta conversa?

MICHEL
Eu achava que não era uma boa ideia.

ANNETTE
Era uma boa ideia...

MICHEL
Ah, por favor!!! (*levantando a garrafa de rum*) Alguém vai querer?

VÉRONIQUE
Você me disse que não era uma boa ideia, Michel?!

MICHEL
Pelo que eu me recordo...

VÉRONIQUE
Pelo que você se recorda!

ALAIN
Eu gostaria de dois dedinhos.

ANNETTE
Você não tinha que ir embora?

ALAIN
Posso beber um copinho a esta altura do campeonato.

Michel serve Alain.

VÉRONIQUE
Olhe bem nos meus olhos e diga de novo que nós não tínhamos concordado sobre essa questão!

ANNETTE
Fique calma, Véronique, fique calma, não tem por quê...

VÉRONIQUE
Quem proibiu de tocar no clafoutis esta manhã? Quem foi que disse: vamos guardar o resto do clafoutis para os Reille? Quem foi que disse isso?

ALAIN
Isso foi gentil.

MICHEL
O que tem a ver?

VÉRONIQUE
Como assim, o que tem a ver?

MICHEL
Quando a gente vai receber visita, a gente vai receber visita.

VÉRONIQUE
Você está mentindo! Ele está mentindo!

ALAIN
Olhem, pessoalmente, minha mulher precisou me arrastar até aqui. Quando você foi educado com uma ideia de virilidade meio John Wayne, não dá mesmo vontade de resolver esse tipo de situação num duelo de palavras.

MICHEL
Hahaha!

ANNETTE
Pensei que o modelo fosse Ivanhoé.

ALAIN
Eles são da mesma linhagem.

MICHEL
Eles se complementam.

VÉRONIQUE
Se complementam! Até que ponto você vai se humilhar, Michel?

ANNETTE
Arrastei ele até aqui para nada, claramente.

ALAIN
Você queria o quê, Tutu? – É verdade, esse apelido é ridículo. – Uma revelação da harmonia universal? Muito bom, esse rum.

MICHEL
Ah, é mesmo. Coeur de Chauffe, quinze anos, direto de Sainte-Rose.

VÉRONIQUE
E as tulipas, de quem foi a ideia? Eu falei que é uma pena que não tenhamos mais tulipas, mas eu não pedi que nós nos desembestássemos até Mouton-Duvernet de madrugada.

ANNETTE
Não entre nesse estado, Véronique, é uma bobagem.

VÉRONIQUE
Foram ideia dele, as tulipas! E só dele! Por acaso nós duas não podemos beber?

ANNETTE
Nós também queremos, Véronique e eu. É engraçado, diga-se de passagem, que alguém que diz ser Ivanhoé ou John Wayne não tem a capacidade de segurar um camundongo nas mãos.

MICHEL
CHEGA desse hamster! Chega!...

Ele serve um copo de rum para Annette.

VÉRONIQUE
Hahaha! É verdade, é ridículo!

ANNETTE
E para ela?

MICHEL
Acho que não é necessário.

VÉRONIQUE
Me serve, Michel.

MICHEL
Não.

VÉRONIQUE
Michel!

MICHEL
Não.

Véronique tenta pegar a garrafa das mãos dele. Michel resiste.

ANNETTE
Qual o problema, Michel?

MICHEL
Toma, então pegue logo! Beba, beba, fazer o quê.

ANNETTE
O álcool não faz muito bem para você?

VÉRONIQUE
O álcool é excelente para mim. De toda forma, pior do que isso...

Ela desmorona.

ALAIN
Bom... Enfim, não sei...

VERÓNIQUE (*para Alain*) Você... É...

ANNETTE
Alain.

VÉRONIQUE
Alain, nós somos como a água e o vinho, mas, sabe, eu moro com um homem que decidiu de uma vez por todas que a vida é medíocre. É muito difícil viver com um homem que se refugiou nessa perspectiva, que não quer mudar nada, que não se entusiasma com nada...

MICHEL
Ele não dá a mínima. Ele não dá a mínima, mesmo.

VÉRONIQUE
É preciso acreditar... É preciso acreditar em uma possibilidade de melhorar as coisas, não é?

MICHEL
Ele é a última pessoa para quem você deveria estar falando isso.

VÉRONIQUE
Eu falo com quem eu quiser, mas que merda!

MICHEL
(*o telefone toca*) Quem ainda está enchendo o saco?... Oi, mamãe... Tudo bem com ele. Tudo bem, ele está banguela mas está tudo bem com ele. Sim, está com dor. Está com dor, mas vai passar. Mamãe, eu estou ocupado agora, eu ligo de volta.

ANNETTE
Ele ainda está com dor?

VÉRONIQUE
Não.

ANNETTE
Então por que deixar sua mãe preocupada?

VÉRONIQUE
Ah, ele sempre faz isso. Ele sempre precisa deixá-la preocupada.

MICHEL
Bom, agora chega, Véronique. Que drama todo é esse?

ALAIN
Véronique, será que alguém se interessa por alguma coisa além de si mesmo? Todo mundo gostaria de acreditar na possibilidade de melhorar as coisas. E seríamos ao mesmo tempo quem faz as melhorias e quem se beneficia delas. Será que isso existe? Alguns homens se acomodam, é o jeito deles, outros se recusam a sentar e ficar vendo o tempo passar, eles agem enquanto há tempo, e qual a diferença? Os homens se debatem até a hora da morte. A educação, as infelicidades do mundo... Você está escrevendo um livro sobre Darfur, bem, acho que se poderia pensar, é isso, vou pegar um massacre, só tem isso mesmo ao longo da história, e vou escrever sobre ele. A gente se salva como pode.

VÉRONIQUE
Eu não estou escrevendo esse livro para me salvar. Você nem o leu, você não sabe o que está escrito nele.

ALAIN
Tanto faz.

Oscilação.

VÉRONIQUE
Esse cheio de Kouros é horrível!...

MICHEL
É atroz.

ALAIN
Você não foi muito comedida.

ANNETTE
Me desculpe.

VÉRONIQUE
Você não tem culpa de nada. Eu que fiquei borrifando igual a uma neurótica... E por que as coisas não podem ser leves, por que tudo tem que ser sempre tão desgastante?

ALAIN
Você pensa demais. As mulheres pensam demais.

ANNETTE
Uma resposta muito original. Isso deve confundir vocês de um jeito tão confortável.

VÉRONIQUE
Não sei o que você quer dizer com pensar demais. E não sei de que valeria viver sem uma concepção moral do mundo.

MICHEL
Bom, só olhar para a minha vida!

VÉRONIQUE
Cale a boca! Cale a boca! Eu tenho horror a essa conivência patética. Você me enoja!

MICHEL
Ah, por favor, um pouco de senso de humor...

VÉRONIQUE
Eu não tenho senso de humor nenhum. E nem tenho intenção de ter.

MICHEL
Eu sempre penso: a vida de casal é a provação mais terrível que Deus poderia nos infligir.

ANNETTE
Exatamente.

MICHEL
A vida de casal e a vida em família.

ANNETTE
Não era para você compartilhar a sua opinião, Michel. Isso é inclusive um pouco inadequado.

VÉRONIQUE
Ele não se incomoda.

MICHEL
Você não concorda?

ANNETTE
Essas considerações não são pertinentes. Alain, fala alguma coisa.

ALAIN
Ele tem direito de pensar o que ele quiser.

ANNETTE
Mas não precisa sair propagandeando.

ALAIN
É, bom, talvez...

ANNETTE
Não damos a mínima para a vida conjugal de vocês. Estamos aqui para resolver um problema das crianças, não damos a mínima para a vida conjugal de vocês.

ALAIN
É, bom...

ANNETTE
Bom o quê? O que você quer dizer com isso?

ALAIN
As duas coisas estão relacionadas.

MICHEL
Estão relacionadas! Claro que as duas coisas estão relacionadas!

VÉRONIQUE
A nossa vida conjugal está relacionada ao fato de o Bruno ter perdido dois dentes?

MICHEL
É claro.

ANNETTE
Não estamos entendendo.

MICHEL
É só inverter a questão. E observar a situação em que nos encontramos. As crianças absorvem a nossa vida e a destroem. As crianças nos arrastam para o desastre, isso é regra. Quando você vê um casal que embarca todo sorridente num casamento, você pensa, eles não sabem, eles não sabem nada, coitados, eles estão felizes. Ninguém conta nada para você no início. Tenho um colega do Exército que vai ter um filho com uma nova namorada. Eu disse para ele, um filho agora, nessa idade, que loucura! Os últimos dez, quinze anos que nos restam antes do câncer ou do derrame, e um pentelho vai ficar enchendo o seu saco?

ANNETTE
Você não acredita em nada disso que está falando.

VÉRONIQUE
Ele acredita.

MICHEL
Claro que acredito. Acredito em coisas ainda piores.

VÉRONIQUE
Sim.

ANNETTE
Você está se depreciando, Michel.

MICHEL
É mesmo? Hahaha.

ANNETTE
Pare de chorar, Véronique. Você sabe que isso serve de estímulo para ele.

MICHEL
(*para Alain, que enche seu copo vazio*) Beba, beba, é excepcional, não é?

ALAIN
Excepcional.

MICHEL
Você gostaria de um charuto...?

VÉRONIQUE
Não, ninguém vai fumar charuto aqui!

ALAIN
Que pena.

ANNETTE
Você não ouse fumar charuto, Alain!

ALAIN
Eu faço o que eu quiser, Annette, se eu quiser aceitar um charuto, eu vou aceitar um charuto. Não vou fumar para não incomodar a Véronique, que já está mais que pê da vida. Ela tem razão, pare de fungar, quando uma mulher chora um homem é levado ao seu limite. Ainda que o ponto de vista de Michel, sinto dizer, seja perfeitamente pertinente. (*celular vibra*) Serge... Coloca Paris, dia tal, e uma hora exata...

ANNETTE
Isso é um inferno!

ALAIN
(*se afastando e, em voz baixa, para escapar da indignação*) A hora que você enviar. Tem que ter acabado de sair do forno. ... Não, não «está surpreso». «Denuncia». Se surpreender é fraco...

ANNETTE
Minha vida é isso, de manhã até a noite, ele não desgruda desse telefone de manhã até a noite! Nossa vida é entrecortada pelo telefone!

ALAIN
Hor... Um segundo... (*cobrindo o telefone*) Annette, isso é muito importante!...

ANNETTE
Sempre é muito importante. Aquilo que está acontecendo em outro lugar é sempre mais importante.

ALAIN
(*retomando*) Vai... Sim... «Procedimento», não. «Manobra.» Uma manobra, a quinze dias da prestação de contas etc.

ANNETTE
Na rua, à mesa, não importa onde...

ALAIN
Um estudo entre aspas! Coloca estudo entre aspas.

ANNETTE
Eu nem falo mais nada. Capitulei, completamente. Estou de novo com vontade de vomitar.

MICHEL
Cadê a bacia?

VÉRONIQUE
Não sei.

ALAIN
Basta me citar: «Trata-se de uma tentativa lamentável de manipulação do curso...»

VÉRONIQUE
Está aqui. Por favor, vá até ali.

MICHEL
Véro.

VÉRONIQUE
Vai dar tudo certo. Estamos preparados agora.

ALAIN
«... do curso e de desestabilizar o meu cliente», afirma o sr. Reille, advogado da sociedade Verenz-Pharma. ... AFP.,

Reuters, imprensa especializada e não especializada, a coisa toda.

Ele desliga.

MICHEL
Ela está de novo com vontade de vomitar.

ALAIN
Mas qual é o seu problema?

ANNETTE
Sua gentileza é comovente.

ALAIN
Estou preocupado!

ANNETTE
Desculpe, eu não tinha percebido.

ALAIN
Ah, Annette, por favor! Não vamos entrar nessa, nós também. Eles estão matando um ao outro, a relação deles está em ruínas, nós não precisamos competir!

VÉRONIQUE
Por que você acha que pode falar assim, que nossa relação está em ruínas?! Com que direito você fala isso?

ALAIN
(*celular vibra*) Acabaram de ler para mim. Vamos te mandar, Maurice. Manipulação, manipulação do curso. Até daqui a pouco. (*desliga*) Não fui eu que disse, foi o François.

VÉRONIQUE
Michel.

ALAIN
Michel. Desculpe.

VÉRONIQUE
Eu o proíbo de emitir qualquer julgamento sobre a nossa família.

ALAIN
Não emita qualquer julgamento sobre meu filho também.

VÉRONIQUE
Mas isso não tem nada a ver! O seu filho violentou o nosso!

ALAIN
Eles são pequenos, são dois garotos, os garotos se pegam na hora do recreio desde sempre. É uma lei da vida.

VÉRONIQUE
Não, não mesmo!

ALAIN
Claro que sim. É preciso ter alguma instrução para substituir a violência pelo direito. Gostaria de lembrar que, na origem, direito é força.

VÉRONIQUE
Talvez entre os homens pré-históricos. Não entre nós.

ALAIN
Entre nós! Por favor, me explique o que seria «entre nós».

VÉRONIQUE
Você me cansa, eu estou cansada desta conversa.

ALAIN
Véronique, eu acredito no deus da carnificina. É o único que governa, absoluto, desde a noite dos tempos. Você se

interessa pela África, não é mesmo... (*olha para Annette, que tem um espasmo*) Você não está se sentindo bem?

ANNETTE
Não se preocupe comigo.

ALAIN
Claro que me preocupo.

ANNETTE
Está tudo bem.

ALAIN
Acontece que acabo de chegar do Congo, vejam só. E lá os moleques são treinados para matar desde os oito anos de idade. Ainda na infância eles podem matar centenas de pessoas, com machado, com uma *twelve*, um AK-47, um *grenade launcher*, então entendam que, se o meu filho quebra um dente, até mesmo dois, de um colega, com uma vara de bambu, na praça de l'Aspirant-Dunand, eu estarei menos propenso ao terror e à indignação.

VÉRONIQUE
Você está errado.

ANNETTE
(*forçando o sotaque inglês*) *Grenade launcher!...*

ALAIN
Sim, é esse o nome.

Annette cospe na bacia.

MICHEL
Está tudo bem?

ANNETTE
Tudo ótimo.

ALAIN
Mas qual é o seu problema? Qual é o problema dela?

ANNETTE
É bile! Não é nada de mais!

VÉRONIQUE
Não venha me dar lições sobre a África. Eu estou muito ciente do martírio africano, estou mergulhada nesse assunto há meses...

ALAIN
Não duvido. E, além disso, o procurador do Tribunal Penal Internacional abriu uma investigação sobre Darfur...

VÉRONIQUE
Você está querendo me ensinar alguma coisa?

MICHEL
Não, não a faça começar! Por favor!

Véronique se atira sobre seu marido e bate nele, repetidas vezes, com um desespero confuso e irracional. Alain a puxa.

ALAIN
Sabe que eu estou começando a gostar de você?

VÉRONIQUE
Fale por você.

MICHEL
Ela luta pela paz e pela estabilidade no mundo.

VÉRONIQUE
Cale a boca!

Annette tem um espasmo.
Ela pega seu copo de rum e o leva à boca.

MICHEL
Tem certeza?

ANNETTE
Sim, sim, vai me fazer bem.

Véronique a imita.

VÉRONIQUE
Nós vivemos na França. Nós não vivemos em Kinshasa!
Nós vivemos na França com os preceitos da sociedade
ocidental. O que acontece na praça de l'Aspirant-Dunand
diz respeito aos valores da sociedade ocidental! Sociedade
à qual, sem querer ofender ninguém, pertenço com muita
alegria.

MICHEL
Bater no próprio marido deve fazer parte dos preceitos...

VÉRONIQUE
Michel, isso não vai acabar bem.

ALAIN
Ela se atirou sobre você com uma fúria... Eu, no seu lugar, estaria compadecido.

VÉRONIQUE
Posso recomeçar imediatamente.

ANNETTE
Ele está tirando sarro de você, acredita?

VÉRONIQUE
Estou pouco me lixando.

ALAIN
Pelo contrário. A moral determina que nós dominemos as nossas pulsões, mas às vezes faz bem não dominá-las. Ninguém quer trepar cantando *Agnus Dei*. Onde eu arrumo esse rum?

MICHEL
Desse ano, acho difícil!

ANNETTE
Grenade launcher! Hahaha.

VÉRONIQUE
(*também*) *Grenade launcher*, é mesmo.

ALAIN
Isso, *grenade launcher*.

ANNETTE
Por que você não fala lança-granada?

ALAIN
Porque é *grenade launcher* que se fala. Ninguém fala lança-granada. Da mesma forma que não se fala «espingarda de doze milímetros», mas *twelve*.

ANNETTE
Quem fala isso?

ALAIN
Chega, Annette. Chega.

ANNETTE
Os homens versados em armas e batalhas, como meu marido, têm dificuldade, e é preciso compreendê-los, em se interessar pelos acontecimentos comezinhos.

ALAIN
Exatamente.

VÉRONIQUE
Não sei por quê. Não sei por quê. Nós somos cidadãos do mundo. Não entendo o desleixo quando se trata de algo próximo de nós.

MICHEL
Ah, Véro! Nos poupe dessas frases de quinta categoria!

VÉRONIQUE
Eu vou matar ele.

ALAIN
(*o celular vibrou*) Sim, sim, tire o «lamentável»... «grosseira». Trata-se de uma tentativa grosseira de... Isso mesmo...

VÉRONIQUE
Ela tem razão, isso é insuportável!

ALAIN
... e o resto está aprovado?... Bom, muito bom. Ótimo. (*desliga*) Onde nós estávamos? *Grenade launcher*?

VÉRONIQUE

Eu dizia, sem querer ofender meu marido, que não há melhor lugar para exercermos a nossa vigilância do que um outro lugar, distante.

ALAIN

Vigilância... Sim... Annette, é um absurdo você beber nesse estado...

ANNETTE

Que estado? Pelo contrário.

ALAIN

É interessante esse conceito... (*celular*) Sim, não, nenhuma entrevista antes de soltar o comunicado...

VÉRONIQUE

Meu senhor, eu exijo que interrompa essa conversa extenuante!

ALAIN

Não, isso não... Os acionistas estão se lixando... Lembre ele da soberania dos acionistas... (*Annette vai até Alain, pega o celular de sua mão e... depois de procurar brevemente onde colocá-lo... o mergulha no vaso de tulipas*) Annette, o que você...!!!

ANNETTE
Pronto.

VÉRONIQUE
Hahaha! Muito bem!

MICHEL
(*estarrecido*) Meu Deus...

ALAIN
Mas você é uma idiota! Que merda!

Ele avança até o vaso, mas Michel, que chegou antes, tira o aparelho encharcado.

MICHEL
O secador! Onde está o secador?!

Ele encontra o secador e o liga rapidamente, apontando para o celular.

ALAIN
Você devia ser internada num manicômio, minha querida! Isso é assustador!... Tudo que eu tenho está aqui dentro!... Ele é novo, levei horas para configurar tudo!

MICHEL
(*para Annette, por cima do barulho infernal do secador*)
Sério, eu não entendo você. Isso foi muito irresponsável.

ALAIN
Tudo aqui, minha vida inteira...

ANNETTE
A vida inteira dele!...

MICHEL
(*ainda com o barulho*) Calma, talvez a gente consiga recuperá-lo....

ALAIN
Não, não dá. Já era!...

MICHEL
Vamos tirar a bateria e o chip. Você consegue abrir?

ALAIN
(*tentando abrir o celular, mas sem esperança*) Eu não entendo nada disso, acabei de comprá-lo...

MICHEL
Deixe-me ver.

ALAIN
Já era... E elas acham engraçado, elas acham isso engraçado!...

MICHEL
(*ele abre o celular sem dificuldade*) Pronto. (*retomando o secador, depois de ter separado as partes do telefone*) Pelo menos você, Véronique, você podia ter o bom senso de não achar isso engraçado!

VÉRONIQUE
(*rindo abertamente*) Meu marido vai passar a tarde secando as coisas!

ANNETTE
Hahaha!

Annette, à vontade, se serve de rum.
Michel, impermeável a qualquer piada, se empenha com a maior dedicação.

Durante um momento, só se ouve o barulho do secador.
Alain está arrasado.

ALAIN
Deixe para lá, meu amigo. Deixe para lá. Não há nada que se possa fazer...

Michel enfim desliga o secador.

MICHEL
Vamos esperar... (*depois de uma oscilação*) Você quer usar o telefone? (*Alain faz um gesto indicando que não e que não se importa*) Devo dizer que...

ANNETTE
O que você gostaria de dizer, Michel?

MICHEL
Não... Não sei nem o que dizer.

ANNETTE
Já eu acho que estamos todos bem. Acho que estamos nos sentindo melhor. (*oscilação*) Estamos mais tranquilos, não?... Os homens se apegam tanto aos seus brinquedinhos... Isso os diminui... Isso acaba com toda a autoridade deles... Um homem precisa ter as mãos livres. Eu acho. Até uma maleta me incomoda. Um dia vi um homem, achei ele interessante, e depois vi que ele tinha uma bolsa carteiro retangular, mas uma bolsa carteiro masculina,

enfim, acabou. A bolsa carteiro é a pior coisa que existe. Mas um celular na mão também é a pior coisa que existe. Um homem deve dar a impressão de estar sozinho... Eu acho. Quero dizer, de poder estar sozinho... Eu também tenho uma ideia meio John Wayne da virilidade. E o que ele carregava? Um revólver Colt. Um negócio que faz uma limpa... Um homem que não dá a impressão de ser solitário não tem consistência... Agora, Michel, você deve estar feliz. Isso desestrutura um pouco o nosso... Como que você disse? Esqueci a palavra... Mas, enfim... Nós estamos quase bem... Eu acho.

MICHEL
Eu avisei vocês que o rum deixa meio tonto.

ANNETTE
Eu não poderia estar mais normal.

MICHEL
Claro.

ANNETTE
Estou começando a ver as coisas com uma serenidade agradável.

VÉRONIQUE
Hahaha! Essa foi boa. Uma serenidade agradável!

MICHEL
Quanto a você, Darjeeling, não vejo por que acabar com você em público.

VÉRONIQUE
Calado.

Michel vai buscar a caixa de charutos.

MICHEL
Alain, escolha um. Relaxe um pouco.

VÉRONIQUE
Não se fuma charuto dentro de casa!

MICHEL
Hoyo ou D4... Hoyo du Maire, Hoyo du Député....

VÉRONIQUE
Não se fuma dentro de uma casa que tem uma criança asmática!

ANNETTE
Quem tem asma?

VÉRONIQUE
Nosso filho.

MICHEL
A gente tinha uma porcaria de hamster.

ANNETTE
É verdade, não é recomendável ter um animal quando se tem asma.

MICHEL
Nem um pouco recomendável.

ANNETTE
Até um peixe dourado pode se revelar contraindicado.

VÉRONIQUE
E eu sou obrigada a escutar esses absurdos? (*ela arranca o umidor da mão de Michel e o fecha bruscamente*) Eu sinto muito que eu seja a única a não ver as coisas com uma serenidade agradável! E digo mais, nunca me senti tão infeliz assim. Acho que hoje é o dia em que, na minha vida toda, eu terei sido mais infeliz.

MICHEL
Você fica feliz quando bebe.

VÉRONIQUE
Michel, cada palavra que você pronuncia me destrói. Eu não estou bebendo. Eu bebi uma gota da sua merda de rum que você apresentou como se estivesse mostrando o Santo Sudário para seu rebanho. Eu não estou bebendo e me arrependo amargamente, seria um alívio poder fugir para dentro de um copo diante da menor tristeza.

ANNETTE
Meu marido também está infeliz. Olhe para ele. Ele está todo encurvado. Parece alguém que foi abandonado na beira da estrada. Acho que hoje também é o dia mais infeliz da vida dele.

ALAIN
Sim.

ANNETTE
Sinto muito, Tutu.

Michel liga de novo o secador e o aponta para as partes do celular.

VÉRONIQUE
Desligue esse secador! Já morreu, esse negócio dele.

MICHEL
(*telefone toca*) Alô! Mamãe, eu já te disse que estamos ocupados... Porque é um remédio que pode matar você! É um veneno! Tem uma pessoa aqui que vai explicar para você... (*passando o telefone para Alain*) Fale para ela.

ALAIN
Falar o quê?

MICHEL
O que você sabe sobre essa porcaria de vocês.

ALAIN
Olá, minha senhora, como vai?

ANNETTE
O que ele vai falar para ela? Ele não sabe de nada!

ALAIN
Sim... E você sente dor?... Claro. Mas a operação vai ajudá-la... A outra perna também, ah, sim. Não, não, não sou ortopedista... (*à parte*) Ela está me chamando de doutor...

ANNETTE
Doutor, isso é um descalabro, desligue!

ALAIN
Mas a senhora... Quero dizer, a senhora não tem nenhum problema de equilíbrio? Não. De jeito nenhum. De jeito nenhum. Não dê atenção a isso que dizem. Ainda assim, seria bom se a senhora parasse de tomar por um tempo. Um tempo... O tempo suficiente para a cirurgia acontecer de uma maneira tranquila. Sim, dá para notar que a senhora está em forma...

Michel arranca o telefone dele.

MICHEL
Bom, mamãe, você entendeu, você pare de tomar esse remédio, por que a senhora precisa discutir o tempo todo?, pare com isso, faça o que estou dizendo, eu ligo de volta... Um beijo, um beijo de todo mundo. (*Desliga*) Ela me deixa exausto. Mas que merda de vida!

ANNETTE
Bom, então? Eu volto aqui esta noite com o Ferdinand? Temos que decidir. Já está parecendo que não nos importamos. Estamos aqui para isso, queria lembrar.

VÉRONIQUE
Agora sou eu que vou passar mal. Onde está a bacia?

MICHEL
(*tirando a garrafa de rum do alcance de Annette*) Chega.

ANNETTE
Na minha opinião, erros foram cometidos dos dois lados. É isso. Erros dos dois lados.

VÉRONIQUE
Você está falando sério?

ANNETTE
Como?

VÉRONIQUE
Você acha mesmo isso?

ANNETTE
Acho sim.

VÉRONIQUE
Nosso filho Bruno, para quem eu tive que dar dois Tylex esta noite, está errado?

ANNETTE
Ele não é necessariamente inocente.

VÉRONIQUE
Fora daqui! Já aguentei vocês demais. (*ela pega a bolsa de Annette e a joga na direção da porta*) Fora daqui!

ANNETTE
Minha bolsa! (*como uma menininha*) Alain!...

MICHEL
Mas o que está acontecendo? Elas estão descontroladas!

ANNETTE
(*recolhendo o que se espalhou*) Alain, me ajuda!

VÉRONIQUE
«Alain me ajuda»

ANNETTE
Cale a boca!... Ela quebrou meu estojo de pó! E o meu perfume! (*para Alain*) Me defenda, por que você não está me defendendo?...

ALAIN
Vamos embora.

Ele recolhe com pressa as partes do celular.

VÉRONIQUE
Até parece que eu estou esganando ela!

ANNETTE
Que mal eu fiz para você?

VÉRONIQUE
Não foram cometidos erros dos dois lados! Não se pode confundir vítimas e carrascos!

ANNETTE
Carrascos!

MICHEL
Ah, Véronique, você dá nos nervos, não aguentamos mais esse blá-blá-blá simplista.

VÉRONIQUE
De que eu me orgulho.

MICHEL
Sim, sim, você se orgulha, você se orgulha, agora esse seu entusiasmo pelos negros do Sudão dá o tom de tudo nesta casa.

VÉRONIQUE
Eu estou chocada. Por que você está exibindo esse seu lado tão horrível?

MICHEL
Porque eu quero. Porque eu quero exibir o meu lado horrível.

VÉRONIQUE
Um dia você vai entender a gravidade extrema do que acontece nessa região do mundo e você vai ter vergonha da sua inércia e do seu niilismo infecto.

MICHEL
Uau, mas você é formidável, Darjeeling, a melhor de nós!

VÉRONIQUE
Sim. Sou, sim.

ANNETTE
Vamos dar o fora, Alain. Essas pessoas são uns monstros!

Ela bebe tudo que está no copo e vai pegar a garrafa.

ALAIN
(*impedindo-a*) Chega, Annette.

ANNETTE
Não, eu quero beber mais, eu quero encher a cara, essa idiota esparrama as minhas coisas e ninguém se mexe, eu quero ficar bêbada!

ALAIN
Você já está o suficiente.

ANNETTE
Por que você deixa chamarem o seu filho de carrasco? Nós viemos até a casa deles para resolver as coisas e somos insultados, e agredidos, e temos que ouvir liçõezinhas de cidadania planetária, nosso filho fez bem em bater no de vocês, e quanto aos seus direitos humanos, eu limpo a minha bunda com eles!

MICHEL
É só dar uns golinhos que a verdade aparece. Onde foi parar foi a mulher agradável e circunspecta, de modos tão doces...

VÉRONIQUE
Eu avisei! Eu avisei!

ALAIN
O que é que você avisou?

VÉRONIQUE
Que ela era falsa. Ela é falsa, essa mulher. Lamento.

ANNETTE
(*aflita*) Hahaha!

ALAIN
Quando foi que você avisou?

VÉRONIQUE
Quando vocês estavam no banheiro.

ALAIN
Você a conhecia fazia quinze minutos e já sabia que ela era falsa.

VÉRONIQUE
Eu consigo sentir essas coisas de imediato perto das pessoas.

MICHEL
É verdade.

VÉRONIQUE
Eu tenho um *feeling* para esse tipo de coisa.

ALAIN
Falsa, é isso?

ANNETTE
Eu não quero ouvir isso! Por que você me obriga a aguentar isso, Alain?

ALAIN
Fique calma, Tutu.

VÉRONIQUE
É uma aparadora de arestas. Ponto. Apesar das suas maneiras. Ela não se interessa muito mais que você.

MICHEL
É verdade.

ALAIN
É verdade.

VÉRONIQUE
É verdade! Você está dizendo que é verdade?

MICHEL
Eles não dão a mínima importância! Eles não dão a mínima, desde o começo, isso é óbvio! Ela também, você tem razão.

ALAIN

Mas você, você dá? (*para Annette*) Me deixe falar, meu amor. Me explique de que maneira você dá alguma importância a isso, Michel. O que quer dizer isso, para começo de conversa? Você é mais convincente quando está exibindo o seu lado horrível. Para dizer a verdade, ninguém aqui tem interesse nenhum nisso, com exceção de Véronique, devemos reconhecer que ela tem essa integridade.

VÉRONIQUE

Não quero nenhum reconhecimento seu! Não quero nenhum reconhecimento seu!

ANNETTE

Mas eu estou, sim, muito interessada.

ALAIN

Nós estamos interessados desse jeito histérico da Annette, não como os heróis da vida social. (*para Véronique*) Outro dia vi sua amiga Jane Fonda na TV, eu me vi a um passo de comprar um pôster do Ku Klux Klan...

VÉRONIQUE

Por quê «minha amiga»? O que a Jane Fonda tem a ver?

ALAIN

Porque vocês são da mesma espécie. Vocês fazem parte da mesma categoria de mulheres, as mulheres que se engajam, que resolvem as coisas. Não é disso que gostamos nas mulheres, o que gostamos nas mulheres é a sensualidade, a loucura, os hormônios, as mulheres que agem conforme sua clarividência... As guardiãs do mundo nos repelem. Até ele, o coitado do Michel, seu marido, foi repelido...

MICHEL

Não coloque palavras na minha boca!

VÉRONIQUE

Ninguém se interessa pelo que você gosta nas mulheres! De onde saiu esse discurso? Você é o tipo de homem cujas opiniões não interessam a absolutamente ninguém.

ALAIN

Ela está berrando. Quartel-mestre sobre um navio do século XIX!

VÉRONIQUE

E ela, ela não berra? Quando ela diz que o imbecil do seu filho fez bem em bater no nosso?

O DEUS DA CARNIFICINA

ANNETTE
Ele fez bem mesmo! Pelo menos nosso filho não é um maricas que fica de boquinha fechada!

VÉRONIQUE
Ele é um dedo-duro, você acha melhor assim?

ANNETTE
Vamos embora, Alain! O que ainda estamos fazendo nesta espelunca? (*ela faz que vai sair, mas volta e caminha até as tulipas, que despedaça com violência. As flores voam, se desmancham e se espalham por todos os lados*) E toma, toma, olhe o que eu faço com as suas flores patéticas, suas tulipas horrorosas!... Hahaha! (*ela se desfaz em lágrimas*) É o pior dia da minha vida também.

Silêncio.
Um longo tempo de estupor.
Michel recolhe alguma coisa do chão.

MICHEL
(*para Annette*) Isso é seu?

ANNETTE
(*ela pega o estojo, o abre e tira seus óculos de dentro*) Obrigada...

MICHEL
Estão inteiros?

ANNETTE
Sim.

Oscilação.

MICHEL
Bom, por mim... (*Alain começa a recolher as hastes e as pétalas*) Deixa para lá.

ALAIN
Não...

O telefone toca.
Depois de uma hesitação, Véronique atende.

VÉRONIQUE
Sim, minha querida... É mesmo? Mas você vai conseguir fazer as tarefas de casa na Annabelle?... Não, não, querida, a gente não o encontrou... Sim, eu fui até o supermercado. Mas, olha, o Mordisco sabe se virar muito bem, meu amor, acho que a gente precisa dar um voto de confiança a ele. Você acha que ele ia gostar de uma gaiola?... O papai está triste, ele não queria que você sofresse... Mas, sim. Sim,

você vai falar com ele. Escute, meu amor, nós já estamos bastante irritados com o seu irmão... Ele vai comer... ele vai comer as plantinhas... avelãs, castanhas... ele vai encontrar, ele sabe o que pode comer... minhocas, caramujos, as coisas que caírem das lixeiras, ele é onívoro como nós. Até daqui a pouco, meu coração.

Oscilação.

MICHEL
Se dá mesmo para encontrar isso tudo, esse bicho deve estar num banquete a essa hora.

VÉRONIQUE
Não.

Silêncio.

MICHEL
Vai saber.

DAS ANDERE

1 Kurt Wolff *Memórias de um editor*
2 Tomas Tranströmer *Mares do Leste*
3 Alberto Manguel *Com Borges*
4 Jerzy Ficowski *A leitura das cinzas*
5 Paul Valéry *Lições de poética*
6 Joseph Czapski *Proust contra a degradação*
7 Joseph Brodsky *A musa em exílio*
8 Abbas Kiarostami *Nuvens de algodão*
9 Zbigniew Herbert *Um bárbaro no jardim*
10 Wisława Szymborska *Riminhas para crianças grandes*
11 Teresa Cremisi *A Triunfante*
12 Ocean Vuong *Céu noturno crivado de balas*
13 Multatuli *Max Havelaar*
14 Etty Hillesum *Uma vida interrompida*
15 W. L. Tochman *Hoje vamos desenhar a morte*
16 Morten R. Strøksnes *O Livro do Mar*
17 Joseph Brodsky *Poemas de Natal*
18 Anna Bikont e Joanna Szczęsna *Quinquilharias e recordações*
19 Roberto Calasso *A marca do editor*
20 Didier Eribon *Retorno a Reims*
21 Goliarda Sapienza *Ancestral*
22 Rossana Campo *Onde você vai encontrar um outro pai como o meu*
23 Ilaria Gaspari *Lições de felicidade*
24 Elisa Shua Dusapin *Inverno em Sokcho*
25 Erika Fatland *Sovietistão*
26 Danilo Kiš *Homo Poeticus*
27 **Yasmina Reza *O deus da carnificina***
28 Davide Enia *Notas para um naufrágio*
29 David Foster Wallace *Um antídoto contra a solidão*
30 Ginevra Lamberti *Por que começo do fim*
31 Géraldine Schwarz *Os amnésicos*
32 Massimo Recalcati *O complexo de Telêmaco*
33 Wisława Szymborska *Correio literário*
34 Francesca Mannocchi *Cada um carregue sua culpa*
35 Emanuele Trevi *Duas vidas*

AMBASSADE DE FRANCE AU BRÉSIL

Liberté
Égalité
Fraternité

Composto em Lyon Text e GT Walsheim
Impresso pela gráfica Formato
Belo Horizonte, 2021